6월이 오면

그 봄날이 그리운게지

이은경 지음

6월이 오면

좋은땅

시인의 말

5년간 책 출판을 꿈도 못 꾸었습니다.
그러나 바라던 중에
인천시와 인천 문화재단으로부터 지원을 받아
출간하게 되었습니다.
겨자씨만큼이라도
독자분들의 마음에 닿을 수 있기를
그것의 저의 바람입니다

2024년 6월
이은경

The fool 작가 추천사

이은경 시인은
담백하고 인위적이지 않고
아름다움을 꾸미지 않아

있는 그대로 모습을 통해서
숨겨진 아름다움을 끄집어내
묘한 감동을 줍니다.

시인의 삶은 순탄치 않은
여정으로 많은 아픔이 있지만

역설적으로
시에는 깊은 아픔 너머
순수함을 담아서

시를 통해서 꽃을 만나고
산을 만나고 사람을 만나고

풍경을 만나고 일을 만나고
인생을 만납니다.

사람이 아름다우니
시도 아름답고
시가 아름다우니
세상을 밝게 합니다.

많은 사람이 시인의 시를 통해서
아름다운 마음 꽃이 피기를 소망해 봅니다.

차례

	시인의 말	4
	The fool 작가 추천사	5

제1부		
	지금이다	14
	돼지 입장은	15
	모르는 것	16
	봄이래	17
	봄	18
	새로 보다	19
	대상이 아닌 나	20
	비와 나 사이	21
	바람의 이유	24
	아프락사스	25
	넘어졌다 일어서다	26
	나무는 그루터기를 내다	28
	아뿔사	30
	수선화	33
	코로나와 싸우다	34

소풍	35
당하던 내가	36
거듭나다	38
서다	39
안식	41
산행	43
빛을 노래	45
하루를 살던 데서	46
인생에 대하여	47
갓 죽임당한 어린양은	48
나를 깨는 사람	49
공감	50
온기	52
신부	54
맡김	57
만남	59
백운산 위의 구름	62
예술하는 이	64
봄이 언제인가	66
가을이다	68
촉촉한 날	71
씨싸이드 족욕장	73
숨 가쁜 아침	74
마치 새처럼	75
참는 훈련	76

우리 동네 동생	77
알뜰신	79
고난	80
땀띠나게	81
블루문	83

제2부

바보인가?	86
나는 누구인가요?	87
낙화	88
누구나 정원	89
6월이 오면	90
콩설기	92
향기	93
새로이 감사	94
편안한 인생	95
자연이 말하는 부활	96
살림살이	97
꽃구경	98
귀여운 도둑	100
운동	101
자작나무	102
노래하게 하라	103
수영	104
무와 나	105

제3부		
	어린 날	108
	불완전한 인생	109
	머루와 포도 차이	111
	분수	112
	여름 보내기	113
	깨를 처방	115
	감기 이유	116
	나비처럼	117
	땡볕 더위와 맞서다	119
	아는 집 모르는 집	121
	잘린 이유	122
	사노라면	124
	용접사	125
	가을	127
	너무나 쉬운 일	129
	아주 사소한 일	130
	무지개	131
	고대함	133
	나에 대하여	134

제4부		
	오늘	138
	어쩔 수 없는 자리	139
	빨래 안 할래	140
	흥부네 집	141

부활	142
하루	145
두 사람	147
메가박스	148
나는 너는	150
그게 나다	152
벌이	154
한 점	156
바람의 이유	157
다른 이로 전향	158
불러내는 기적	160
열매도 열리니 더 좋지	162

제1부

지금이다

막연했던 지금 알지 못했던 지금
잘살고 싶었던
지금은
욕심이 많다
하지만 막연했다

차 소리가 나는 집에서 지금 있다
지금은 변하지 않는다
죽은자를 그리워했던 지금이다
여기서 오늘 지금은 끝이다
졸음이 몰려와서

돼지 입장은

돼지고기를 다 먹기까지
순진한 돼지가 불쌍한지를 몰랐다

주인이 주는 구정물을 열심히 받아먹고 살을
찌운 게 다인데

살이 찬 어느 날 맛난 고기가 되려고 죽어 가는 것을
맛난 김치 돼지찌개 먹고 생각해 보다

참 아이러니하다

모르는 것

초록의 계절이 지나고 짙푸른 날이 오면 장마가
온다

그게 얼마나 길지
집에 물은 안 샐지 닥쳐 봐야 안다
길이가 얼만지 알 수 없는 무저갱처럼

왜 우리는 가늠할 수 없는가

왜 오물을 담은 풍선을 잔뜩 보내도 쓰레기와 변으로 보낼 수 없
는가

속이 상해 대포라도 쏘면
분명하게 대응할 것이기
때문이다

봄이래

그래서 봄!

따뜻한 해가
쪽파의 키를 늘어뜨리니
봄!

늘어진 내면을 바짝 끌어올려
새 일을
시작하게
하니
봄!

행순 씨
봄이야!
기지개켜자~

봄

새소리 저장 봄눈 기억
산속에는 봄을 준비하는 전령사가 그득하다
다만 겨울을 지나온 나그네만 아직 기지개를 펴는 중

겨울은 길다
전쟁 소식 또 전쟁 소식
어두웠던 겨울이
봄 숲에 오니 다 젖혀지고
봄으로 화하였다

이제 봄기운 입고 봄아지매로 돌아설 기세~♡
소가 여물을 되새김하듯이
존재로 나로 사는 것이
여의치 않은 자아 사이에서 갈등 끝

새로 보다

선악 간에 분별이 끝나고 편안함 밤을 맞이하네

색깔로 구분하던 눈이 사라지니
온전한 사람만 가득한 세상

하나님은 온전하시다

나도 온전하니
갈아입을 옷이 없다

다만 건강도
내 것이 아니니
몸의 건강을 위해 조심조심!

대상이 아닌 나

차에 높이 눈이 올라앉았다
차를 겨우 끌고 출근하다

온 세상이 하얗게
나도 그 하얀 눈을 뒤집어쓰고
하얗게 나타난다

눈꽃 입은 산야
흰서리 떡산
흰서리 빙수

배는 부른데
눈이 오면 엄마의 콩설기 떡이 생각난다

눈 온 날 약간의 옛 추억을 기억해 본다
그 나도 사실 대상이 아니다
지나가는 중

비와 나 사이

비를 보면 지금에 온다
잊어버린 나
빗속에 녹아 있다

내가 나를 규정짓지 못해서
비를 보며 센치해지는
그 나를 바라다본다

참
없이 살았던 날들
빗속을 걷는 내가 나인 줄 알고
사랑했던 사람이 떠나가 슬펐던 내가 난 줄 알고

지나온 날들이 슬퍼서 우는 내가 난 줄 알고

아!
나는 많이도 빗나가 있었다

그걸 알게 된 내가 또 난 줄 알고 거기 머물려다가
비오는 날

그 현장 속에서 나는
아무것이 아닌 나로 그저
비를 바라다본다

바람의 이유

이월에 내리는 비는 겨울빕니까?

이월에 부는 바람은 봄바람인가요?

비도 바람도 내리고 부는 이유는 살리려고
입니다

내면에 부는 존재의 바람도
내가 누구임을 알려고이죠

비 내리고 바람 지나면
알게 되겠죠

텅 빈 들에 모이는 봄바람처럼

아프락사스

어미닭은 계란이 병아리 되도록 계란을 몇번 굴리는가?

한사람이 깨어나기까지 목자는 얼마큼 아끼고 투자하는가?

사람이 사람을 어미닭만큼
살피지 않으면
결코 깨어나지 못하지

그러고 보면
알 같은 나를 계란으로 취급하여 사랑의 온기를
넣어 주신 일에 감사한다
참으로

넘어졌다 일어서다

넘어져서
자빠져 빼빼
말라
빠졌는데

일어
나다

정성도 성심도

다 빠진 사람은

하나님만 남았다

죽음은 원래 없다
생명만 갖고 있었다

내가
원하는 모든 것을 받으니 저주도 없고
부활만
자기로 남았다

세상 전부는 내 것이다

아직 받기를 기다리는 중이다

나무는 그루터기를 내다

아무것도 없는 거기서
불러내는 기적

속절없는 노래에다
가사를 붙이고

내동댕이쳐진 그에게서 내는 찬양이 그윽하니

멍때리고 바라보는 사람들

아
그러나의

인생이기에

세상이 다 내 앞에 무릎 꿇는데

무엇이 문제인가?

이런 내가
참 좋다

원치 않은 아담은

그의 모든 정성도 성심도
다 빠져버린 날

죽음밖에 남지 않은 안타까운 자리에서

자기가
원하는 모든 것을 주고 뼈만 남은 죽은 예수를 자기로 받았다

아뿔사

아무것도 남지 않다 그루터기조차
없는 그는

자신이 보기에도
남이 보아도

속절 없이 부르는 노래처럼
처참했다

그리하여 발로 차버리고 내동댕이쳐진 그를

멍하니 쳐다볼 수밖에
없다

아
그러나

이젠 나라고

그가 나라고 외치는데
참 자유로웁다

아무것도 아니라
편하다

훨훨 벗어던진 그가

아무것도 기댈 것이 없어서
참 좋다

수선화

그 집의 수선화는 일찍도 피었다

뜰 앞에 꽤 여러 송이가 피었지 아마

이사를 왔지만 동생이 그 집 가까이로 이사 갔으니
올 봄엔 핑계 삼아 구경 가야겠다

그 집 옆 카페에도 꽃집처럼 가득한 꽃밭이니

아직 2월인데
4월을 이야기하네

두 번째 코로나로
집을 지키니

그 봄날이 그리운 게지

코로나와 싸우다

새벽에 고기를 먹고
약을 먹는다

깨끗하게 싸워야 하는 시점

기도하며 항생제도 먹는다

기침도 잦아든다

시간이라는 조건이 갖추어지면
이런 노력이 결실을 맺어

난 이긴 자가 된다

철저한 통제인 약을 시간에 투여했을 때

소풍

종일 종종거리고 다녀봐도
기철이 오빠네 식구들 온 일이 제일 남는다

어여삐 여겨주신 덕에 어여쁨이 덧입혀지고
남자이신 신랑 곁에 선 신부인 성도는
더러움이 씻기워나가 뽀오얀 분냄새가 핫하다

신나는 하루 신나는 햇살

가을을 흠뻑 안고 들어온 신부에겐
벗꽃 나무 단풍잎 한 장

어여쁜 이여
내일을 나들이 가자
도시락 싸들고서!

당하던 내가

이젠 현재에 사니
힘이 없던 어린 나는 가고 내가 점철하는
능력자가 난 것이다

거짓은 갔다
과거는 청산했다
빚을 다 갚았다

이젠
내가 내 인생의 키를 잡았으니

내가 칭찬하고 내가 사랑하고 내 인생은 내가 주인

현재만 믿는 사랑 많은 스승 만나

대박친 인생이다

어린 나는 힘이 없어 당했다

그러나 이젠
내가 내 인생의 키를 잡았다

잘해도 칭찬도 못 받고 인생을 다 살았는데

현재만 믿는 사랑 많은 스승 만나 매주 대박이다

거듭나다

예수가 십자가에서 못내려온 줄 알고 가을 코스모스를 못잡는
어쭙잖은 데서

예수는 하나님이라 살리기도 죽이기도 하는 능력자라서
양배추 잡고 오뎅을 삶고
하는 자로 거듭나다

하나님이 속에 있어서!!!

서다

오랜만에 기타를 들다

날 위해 노래를 불러 주다

잠들은 나를
뒤흔드는 노래가 멜로디로 퍼져 나간다

얘
왜 누가 너를 그랬니?

살모사 같은 사망이?

이제 갔다
다 갔다

흥 흥

털고 난 자리엔 독도 없다

일어나 함께 걷자

타박 타박!

안식

에덴에서 안식하니 흐르는 생수가 가득하나이다

안식은 에덴을 선물로 받은 이에게 주시는 복

죽음을 보던 마리아는
예수의 행방을 알 수 없었다

부활에는 오직 지금 숨 쉬는 현재만 있다는 걸
마리아는 그때 알았다

눈물의 과거는 씻고

그 샘에서 나는 물은 달콤하여서

모든 이에게로 흘러가니

복음 중에 복음이라더라!

마리아가 찾아간 무덤 안엔 두건과
예수님 입으시던 옷이 개켜져 있고
예수님은 계시지 않았다

안식일의 주인이라
예수는 무덤에 갇혀있을 수 없었다

다윗이 목동이지만
왕이 되었듯이 그 안식에 들어간 이는
죽음이 없는 현재에 거하고 있다

그는 슬픈 과거를 벗고
아

이게 부활이다
부활이다

산행

미끄러운 산을 지나 땅에 다시 이르다

백운산 정상에 아직 남아 있는 잔설 밟고

하마터면 넘어질까 조바심내며 내려오다
산하나 넘었더니
산아래 살게 되다

메마른 사막지나 하나님 땅으로

구름기둥 불기둥 인도 후에 가나안 땅으로

사람이 무엇이길래
그 영광 나타내시다

하나님은 오직 사람에게만 관심 있으시니

설원의 산속을 헤매다가 힘을 얻고
발에 기운을 덧입고
살 이유가 떠오르다

산을
오르고 내리고 하는 동안 발엔 기운이 생기고 산새가 내 자리에
거하게 한다

산에 다녀온 기운이
아직도 삼삼하다

빛을 노래

창조를 노래
생명을 노래할 수 있어 기뻐

원래 그게 나였으니까

밤이 오더라도
아침이 오니까

어두움을 밝힐
내일이 있으니까
지금은 늘 날 뛰게 하였으니까
비록 늦은 밤이라도
난 노래하지

지금이 있어서 감사하다구!

하루를 살던 데서

한 모금 비를 그리워하던 날
하루만 살던 시를 썼다

그리움도 잦았던 날은
가고

생명 그득한 넉넉한 날이 오다

우리가
기쁜 우리가

기쁨 가득한 우리로 태어나다

인생에 대하여

한바탕의 꿈과 같은
삶이라면 그 삶에 대해 생각해 본다
진지하게

하나님은 내게 자신을 알리라 하지 않을까?

선악이 아닌 말하는 대로 되는 인생에 대하여

선악이 갈리기 전인 하나님이 알까 두려워하던 세계로!

하얗게 눈이 온 날
이 환한 세상을 더욱 밝게 열어주기를
두 손 모아 빈다

갓 죽임당한 어린양은

맛이 다르다 향이 다르다

죽임당한 냄새가 풀풀 난다

연하여서 먹기가 좋다

내가 갓 죽임당한 어린양의 향이다
곧 그다

나를 깨는 사람

유리창에 비가
닿으면 흘러내리듯이

나의 선함이 사람을 만나면 바닥을 드러낸다

착한 선한 것으로 덕지덕지 칠하여도

속을 긁으면 나의 반응은 노오 한다

그래서 오늘도 선하지 못하다고

내 안의 신이 통치하기를
빌고 빌고 빈다
내 선이 아니고 그를 향한 하나님의 눈으로 보기를 그가 나임을
잊지 않기를 빈다
그게 나의 일이다

공감

별과 달이 왜이리 가깝지

사랑을 하나?

나만 보다가 너를 보다

내 속에 그 많던 얘기보다

한 사람의
고충을 들어 주다

가까운 고은 달과 은빛 별처럼
사이가 좁혀지다

달이라 곱다 않고
별이라 나은 척 않고

사람은 어차피 그런 거지

닮은꼴인걸

수고도 내 대신하고
그러니

얘기도 듣고 그러려니
알아주고

참 고생 많았겠다
하고
공감도 불러주고

이웃 동생의 얘기로
한 발자국 넓어지기

온기

따스한 품에 날 안아 누이시고
새벽엔 날 일으키사 생명을 연장시키시니
생명이 넘치나이다

푸른 초장엔
쉴 만한 물가엔
풀과 물이 가득하여

부족함이 없사옵니다

아침이 오고 점심이 이르기까지 안아 세우심이여

고단함이 없사옵니다

쉴 날도 주시고
틈도 내주어서
넉넉한 날을 주시었지요

나의 신랑이 내 길을
인도하여서
부족함이 없음을
감축하겠습니다

부족이
없으니
살겠습니다!

신부

여염집 아낙을 아내 맞은 나의 신랑은
전부를 가지신이라
개의치 않으신다

신부를 맞기 위해 모든 걸 준비해 놓으신 이가 날 맞이한 어제를
귀히 여기지만 지금 함께 사는 일에 더욱 기뻐하신다

그분께 몸을 맡긴 신부는
그 품에서 먹고 마신다

신부의 향기에 감동이신 신랑이라
더 이상이 없으시다

신부에겐 오늘 지금이 최고다

최상이다!

결혼식 날

바닥에 누워있던 날 일으켜 세우시고
불끈 쥔 주먹에 받쳐 든 사랑으로 날 치켜드신 주

웨딩마치를 들으며
어둠을 먹은 드레스를
들어 안아
그 품속으로 날 끌어들이신 후에 장막을 치신 이여

혼인잔치 포도주가 더 좋은 술로 맘껏 취객을 먹이신 주가 나의
신랑이외다

이 사랑으로 오늘 흠뻑 취하여
고단치 않게 하시고
힘껏 달리게 하시려구요

신부는 웨딩마치를 마치고 당신의 품에서

한숨 쉬겠나이다

맡김

어둠 속을 헤매다가 말을 타고 광야로 오신 이를 맞는다

말이 없으신 말을 탄 이는 바로 영원한 생명을 모체로 나를 일으켜 세운다
이제
광야를 지나고 평야를 지나
내가 갈 곳은 그가 이끄는 신의 땅 언저리다
무슨 걱정이 있으랴

다 맡겨놓은 자라

밝은 달빛
노래하는 축제
만조된 수위

흡족한 지금

새벽에 일어나니 어제 일이 지금 같다구나~

만남

빈 공간을 채워가듯
만남 안에서 생명이 싹이 나요

날 사랑하라는
솔찍한 표현으로
깊게 물들어가라던 말
가슴에 새기고
날 그렇게도 사랑하여 병이 난 신부처럼
아끼고 또 아끼는 순수한 마음

고이고이 간직하였다가

죽을 만큼 어려운 날 살살 꺼내어 약이 되고 거름이 되고
생명이 되고져

그러고져~♡

존재로 사는 이 living bing

주어진 대로
받아들이고

주시는 대로
시인하고

되어지는 대로가
living being이지

인생은 원래
그렇게
사는 거

내 거는 한 개도 없었지!

자식 내 거 아니야
평생을 껴안고 살아봐라

가슴만 아프지

돈?
글쎄
아직은 없어봐서

그래서
지금도 living being이야

내가 좋아하는 가장 고상한 언어
living being!!!

백운산 위의 구름

어제 그 구름이 아니네

오늘의 구름

날마다 새로운 날이란 말일세

나도 오늘 태어났으니

날마다 새로운 구름을 만나니

어제의 나와는 전혀 다른 새로운 날 만나네

금요일에 오길 바라요

빵집에서 빵이 오는 날이죠

내가 금요일에 시간이 난다는 걸 나만 알지요

빵 냄새 풍기는 길을 따라

금요일에 만납시다

오두막에서

소설 제목입니다

예술하는 이

난 음식이라는 예술을
매일 해왔소

아침저녁 짬짬이

그러나
예술이 되지 않는 시간이 왔소

밥도 국도 다 하기 싫고
누가 해준 것만 먹는

그러한 때가 온 거요
그건

예술이 끝나고
식사를 사먹는 시간으로 간 거죠

한국밀 빵으로
점심을 하고
아침은 밥을 먹고요

참 예술이 끝나니
속이 상해요

맘대로 해먹던 그 시간이 그리워요

봄이 언제인가

추워진다고 가을인가?

사랑 안에 사니
가을이 춥지 않다

영화를 찍듯 새벽에 키스를 하고

소풍을 가듯 출근을 하고

예수가 있어서가 아니라 그보다 더 깨달아 아는 이들 아래서

그 덕을 누린다

완전히 끝난 한 사람의 고백 안으로 들어가 보자

무엇을 이유 삼아 커 보이려던 부풀림도
아무것도 아니라면

그 어떠한 크다고 생각하는 모든 것도
속임수다

그 안에서 난 제로다
자유다
해방이다
신난다

가을이다

그렇게 기다렸던 가을이 오니 꺾이고 또 꺾이고
사정없이 내리꽂는 수은주의 낮아짐 비 오면 낮아지고 또 오면
선선해지고

어서 옷장을 열어 옷을 바꾸어야지

가을이 이리 쉽게 가까이 있는지는 꿈에도 몰랐지요!

지금 부는 칠층의 가을바람

난 거기서 안식한다

있는 것으로가 아니라
존재적 가난함으로
여름을 이기고

시원한 가을을 맞은
제 위치에 선 태고적 사람이라 부족함이 없다

살리신 분 앞에 살아있으니

죽을 일도 원망도
다 남의 일이다

사망은 너의 것이요 하더니
내 안엔 시원한 김칫국 같은 넉넉함이 깃든다

사실이다

줄곧 달려온 지금은
아무 문제가 없다

남편이 맞사지 받는다고 좀 늦은들

같이 일하는 사람이 꼬장을 부린들

지금 내겐 그게 대수인가?

이비인후과에서 고름 차서 항생제 먹으라면 일주간 먹으면 되고

지금의 나에겐 아무 문제가 없다

지금 이렇게 멀쩡한데…

촉촉한 날

갈대가 비 맞는 걸 보셨나요

새앙쥐처럼 비를 맞은 갈대는
항상 털털털 하던 날이 아닌
지금의 비를 맞아
쪽 붙어 있습니다

그래서 지금은 촉촉한 날이죠

씨싸이드 족욕장

백일홍이 올망지게 피어있다

오늘은 족욕장 쉬는 날

새벽부터 수고한 발을 위해 찾아왔지만
시원한 물에 발을 씻고 앉았다

배드민턴 치러 갔는데
선수들이 보이지 않는 심정이다

백일홍 뒤의 소나무
그 뒤의 바다 위에 떠있는 듯한
송도 아파트 단지가 그림 같다

찍어 보내줄게요

숨 가쁜 아침

일들을 하며 지금은 어데 있는가

잠깐 지금에 도달하여 한 숨 쉬고 두 숨 쉬고

숨 고르기
알아차리기

난 돈을 벌려고 여기 와서 청소를 한다
하는 만큼 해야 한다

그래서 다시 청소를 시작한다
휴

마치 새처럼

시간과 시간 사이에는 아무것도 없다
시간과 그 사이
5시와 6시 사이에 빈 공간이 있는 줄 알았는데 우리 관념에만 있지

실상 시간의 연속성 안엔 빈 공간이란 없다

그래서 한 사람을 사랑한 영원한 아버지는
한시도 늦추지 않고
그 사랑 안으로 끌어들이신다

환경은 그래서 아버지 맘대로 조여오기도 하고
몰고 가기도 한다

인생은 그 숨결 안에서 마치 올무의 새처럼 살아가는 게 운명이
라면 운명이다

참는 훈련

기다림도 보약이다

기다려야 할 때 퇴근을 앞두고 시간이 안 간다든지

기다림은 명약이다
시간은 가는데
시간이 가서 삼십 분이 되는데
조바심은 그 시간이 더디 온다고 안달이다

기다리면 30분이 되어지고
안과 들러 고기 사고 저녁 먹으러 갈 터이다

아하
저녁식사를 기다리느라 조바심이 났구나!

사실 시간은 항상 제자리에 지금으로 존재한다
지금 막~

우리 동네 동생

우리 동네
가난한 사람

힘드니까 윤 대통령도 씹지만
실은 가난한 자의 노래요 시요 외침이죠

우리 동네 동생은 술을 좋아해요

기분 나쁘면
좋으면
비가 와서

늘 한잔씩 하죠

글구 보니

시장 물가가 장난이 아니죠

과일 값이 두 배인데
삼쩜사 프로 올랐다 하죠

참으로
사과 값이 비싸서
먹기 힘들어
허리띠 조여야겠소

알뜰신

아
이런 아가씨도 있네요

신발이 패여서 너덜거려도 신고 다녀요

주인이 누구일까?
아직 모르지마는 굉장히 검소하거나
구두쇠거나

난 아직 이렇게 신어본 신이 없어요
고등학교 때 빵구 나서 물 샌 신발을 신어본 이후로요

이제 이 아가씨처럼 한 가지를 구멍 나도록 신어보는 검소한 사
람이 될래요

고난

태양이 무한대한 빛으로 우리를 비추듯이
산다는 것은 내 안의 위험요소와 끝까지 싸우며
내 길을 밝히는 것이라 여겨진다

내려올 수 없어서 예수가 그 자리에 있었던 것처럼
호락호락하지 않은 생의 자리를 자박자박 걸어간다

어느 날은 아프고 어느 날은 힘들고

나이가 먹어서도 일을 하는 자의 힘 부친 이야기다

오늘은 2박 금식을 하려는데 힘은 없고 마음은 가벼운데

햇볕이 따갑듯이 금식이 버겁다

회복이 되기를 화합이 되기를 겹쳐지기를 바란다

땀띠나게

땀띠나게 뛴 팔월이 가고 구월이 오면
시원한 바람이 아침에 불어온다

구월이 오니 선선한 칠 층 메가박스에서 일을 시작했다

그러나 내가 바라던 구월은 더 시원하고 더 새콤하기를 바랐다

난 늘 더 더 나아지기를 바라는데

주가 예비하신 계절은 그 계절만큼이다

내가 준비한 만큼이다

그러하니 지금 구월은 참 좋은 계절이다

적당히 덥고 적당히 햇볕 나서 나락 익히기 좋은 볕이 지금 비추이지 않는가?

블루문

들창으로 오랜만에 달빛이 들고
쏟아지는 달빛 사이로 뭇별을 예기 하신 아브라함이 보인다

뭇별을 셀 수 있나보라

네 자손이 이와 같으리라

별빛은 지금 비치고 있고 나도 그 사명을 받고

그 젊은 밤이 새록새록하다

제2부

바보인가?

이 옷 저 옷 많아도
한 벌만 입어요

밥도 세끼만 먹지요

밥 세 끼 옷 한 벌만 있으면
되는데
바보가 되어있다

집 없는 바보가!

나는 누구인가요?

길이지요
길이란 나를 따르면 답이 있다는 거죠

내 속의 생명이 가득하다는 거죠
진리가 가득하다는 거죠

내 속에 답이 있어요

나는 빛이지요, 소금이지요
내 속에 빛이 가득하고 세상을 절일 소금이 듬뿍 있지요
그러므로 찾을 필요가 없어요

내 속에 가득한 하나님으로 기쁨이 남아요
가득한 하나님 나라

낙화

그렇게 오랜 기간을 청청하게 피어서
지지 않을 기세로 한 계절 피었다가

생명이 다하여 진 날 훌훌 털어내는 너는 누구냐?

밤샘 작업하며 하루 세끼로 부족한 인생에게
그리 살지 말으라 요망을 떠는 너는 누구냐

붉은 옷 입고 길가에 누워
길가는 이에게 육신을 맡기는 너는
난초 맞지? 사군자 맞지?

누구나 정원

집 앞에 꽃을 가꾸는 주인은 넉넉해서 누구인 나도 동참이 된다

숨 고르기가 안 되어가면 올망졸망 안개꽃에 시름이 잦아지고
씩씩한 분재에 다시 일어나지

누구나 정원주인에게 책이라도 주어야 하지

6월이 오면

장미 오월의 햇볕에 그을려 바래버리려 한다

찬란한 빛
그 아름다운 장미이었던 날을 뒤로한 채

자신이 가야 할 운명을 따라
고이 낙화하려고 생각한다

장미인들 늘 제 계절이고 싶지만 유월이 오면
소박히 피어오르는 백합에게 자리를 양보하고자

오월의 장미로 자리매김한다

콩설기

떡을 기다리는 마음은 부풀어 오르오

애인 만나는 날처럼

특히 콩설기는 어릴 적 먹던 떡이라
더욱 먹고 싶어지는구려

방앗간 주인의 수고와 애씀에 무조건 찬사를 아끼지 않소!

향기

이팝나무라지?
요맘때 피지?
참 향기롭지?

아닌가?

새로이 감사

봄에는 날씨가 제각각이다

그리 덥다가도
구름 가린 오전은
춥기까지 하다
어제 운전을 하며
어렵게 딴 운전면허에 대해 감사하다

편안한 인생

지친 시간이 지나니
몸이 회복되어

덥기 전의 시원한 봄 날씨처럼
온전한 시간이
오다

골프를 치든 걸레를 잡든
시간은 다 같은 시간

더우면 속바지 하나 벗고 추우면 입으면 되지

오월의 더위가 오기 전에
여린 플라타너스 나무 그늘에서

생명을 노래하다

자연이 말하는 부활

죽은 듯한 나뭇가지에 흩날리는 벚꽃과
틈 사이 새순이

죽음 이긴 사람에게
부활을 증거 하지

만일 우리에게 부활이 없다면을

퇴색하게 만드는 봄의 향연이

온 세상에 그득하여라

견고하며 흔들리지 말며
주의 일에 힘쓰는 자들이 되라는 바울의 말을 빌려
증인으로 우뚝 서다
부활의 계절에

살림살이

사람을 살리는 살림살이 쉽지 않아요

그동안 어려운지 모르고
했던 살림살이를 다시 하고 싶어짐은

살림의 중요성을 알기 때문이요

봄이니 나물거리 사다가 조물거려 반찬을 하여
입맛을 내고 싶소
정말 그러고 싶소

꽃구경

두루두루 온 동네가 꽃밭이라

벚꽃부터 앵두꽃 목련화 튤립까지

늦은 영종도 꽃맞이는 이제 시작이다

동네 한 바퀴 도니 꽃을 모두 섭렵하다

꽃으로 맘을 채우니
맘은 배부르고
봄채소로 한 끼 채우니 배도 부르다

영원히 죽지 않을 소망도 있으니
더 이상 부족함 없으리

귀여운 도둑

온 동네 채소를 냠냠하던 검은 토끼가 드디어 잡히다

여러 모양으로 애쓰던 남편의 고충이 덜어지다
119 아저씨들도 잡지 못하던 주택가의 토끼를
좇아다니던 신랑이 잡다니!

운동

흐릿한 하늘 아래
나리가 활짝 피어
날씨를 무색케 하는데

비타민과 건강식품으로 속을 든든하게 하니
약간의 기침도 멀어진다

헬스 하고 필라테스 하고 회사 가고
하루가 짧은 봄에는

모여서 죽지 않음을
알게 했던 날들도
나를 낳게 한 날들이었다

헬스장 앉아서 자전거를 돌리며

자작나무

아침저녁 자작나무 숲에서 청소를 해요
비록 남의 집 계단이라도

자작나무는 내가 어릴 적 읽던 소설 속에 등장했죠
사랑을 한다던 그 어떤 때 그 숲을 떠올렸죠

난 자작나무가 뭔지 모르다가 은사시나무인 걸 알았죠
하얀색의 나무가 약간 고급져 보이는

난 여기서 행복할까요?

지금만 사니 아무런 문제가 없을까요?
요즘 집 문제인 누수는 언제 끝날까요?

노래하게 하라

노래하는 가수가 노래를 멈춘다
그림을 그려야 할 화가는 붓을 놓았다
시인은 더 이상 읊조리지 않는다

그런 나라에선 회색빛 구름이 맴돌고

시인과 화가와 가수가 모며 앉아 술만 먹는 사회는 더 이상 희망이 없다

가수를 노래하게 하고
시인에게 펜을 주고
화가는 그림을 그리게 지원해
신의 나라에서 그들이 맘껏 사람을 노래
하게 하라

수영

간만에 수영장
감기가 한 달이 넘게 가서 올 수가 없었다

그러고 보니 찬물에 들어가고 싶었다

그것도 제재가 필요하니
제한받는 인생이라 아름답다고 해야 하나?

아직은 기침이 약간 있다고 해도
도라지 차를 열심히 먹고 제한에서 벗어나자

무와 나

무씨 한 알이 굴러다니다가
흙을 만나다
발아하다

무는 왜 흙과 짝꿍일까?

하나님이 본래 무는 흙을 만나야 발아가 되고
무가 되어 효력을 본다

나도 무씨 한 알이라
누구를 만나야 발아가 될까?

십자가서 못 내려온 예수가 나와 무슨 상관이길래
지금 싹이 날까?

무가 흙을 만난 이야기다

제3부

어린 날

지금은 잘 모르는 시간이었소

부모의 연약한 지반이 모르는 세계를 부추기고

나의 허약한 세월이 현재를 핥아먹었소

가버린 날들도 억울한데
현재를 누리려면 과거를 짚어봐야 한다 하여 되짚어보니

참으로 연약한 험악한 세월 때문에
내 인생은 아직도 정리하고 다져서
더이상 모르는 지금에서 떠나
아는 지금을 사시기 바라오

불완전한 인생

큰집에 입양 와서 불안하고 안정되지 못했다

땅을 다 팔아먹었다

할머니 바람피우는 할아버지 옆에서 농약을 먹으려 했다

아버지 그러한 분위기에서 할아버지가 아버지를 예뻐하자

할아버지의 양아버지는 애비도 없는 자식이란 소릴 하고
그 뒤로 사랑 표현을 안 하셨단다

할머니는 자신이 어린 시절 밥해먹고 빨래하며
아홉 살부터 새언니 올케 밑에서 고생했다

엄마가 시집오니 놀러만 다녔다
밥을 거의 안 했다

자신이 얼마나 밥을 잘하는지 노래를 하였다

이런 분위기는 어린 나를 질식하게 하였다
울다가 까무러쳐도 아무도 거기에 대꾸하지 않았다

순응하는 나는 그게 난 줄 알고 그렇게 말없이
스물세 살까지 그 집에서 일을 주업으로 빨래 설거지 청소를 일 삼았다

머루와 포도 차이

포도 한 송이 들고 으흠

달콤함에 빠져들다

머루 한 송이엔 그 새콤함이
먹을 수 없는 신맛 땜에
술을 담궈 희석해낸다

야생에서 온 머루주로
어느 날 즐거운 파티를 열어보자
취해보자

분수

누구를 향한 기다림으로 솟구쳐 오르는지

오늘도 분수는 제 분수껏 물을 뿜어낸다

현재만 있는 시간을 현재에서
힘을 다해 품어내는데

그래서 오늘도 그 시원한 물줄기가
헤아리지 않고 나오나 보다

여름 보내기

태풍이 불면 여름은 간다
구름 건너가는 언덕에 사는
이는
부는 바람에 저녁을 맞지

여름이 길지만 끝은 짧아서
태풍 바람 부는 언덕 윗집에서 노래를 하지

태풍 부는 오후는 그래서
여유지

풍성한 가을이 곧 올 터이니
나도 좀 더 여유로운 사람이
되어있겠지

그 안에서 아픈 몸과 맘도 같이 익어가려구 발버둥

현실은 몇 날이나 건강하고
온전한가

인생은 그래서 희극 같은데 비극을 연출하지
살아남으려!

찔레와 생초(추어탕에 넣어 먹음)를 들고 왔으니 말려서 잘 우려서 먹어보자

아침에 질경이 차를 우려서 마시고 또 마시다
효력이 있어야 할 터인데

깨를 처방

생전 들깨를 처음 볶다

볶아서 갈아서 오래 먹으련다

깨를 볶다
믹서기에 돌리고
밥에 비비다

고소하다

그동안 들깨랑 너무 멀리 지냈다
기침이나 나았으면 한다

감기 이유

부르튼 입술이 당신을 부르다가 부르텄군요

깊은 기침이 당신을 찾다가
생긴 기침이네요

내 몸짓 하나엔 당신을 향한 갈망이요

그 갈망으로 난 이미 부르텄지요

나는 당신을 향한 갈망으로
이미 몸이 다 병이 났습니다

이에 대해 낼 아침 해명하시렵니까?

나비처럼

풍성한 풀잎을 껴안고 잠들은 나비에게나

동일하게 앉아서 쉴 곳을 제공하는 19층 고객님에게나

감사하기는 마찬가지

새로운 더위에 맞닥뜨린 나에게나

줄줄 흐르는 땀방울을 흘려가며 일하는 일꾼에게나

더위는 마찬가지

기침을 이겨내려고 약을 먹고 버티는 나에게도

그를 보며 안타까워하는 동료들에게

기침은 마찬가지니

이 여름은 이겨내라고 있는 거란다

땡볕 더위와 맞서다

선풍기 틀고
그저 더위를 향하여 노려보다

더위도 지지 않을 기세다

얼마나 더 이기고 있을까?
더위는 기세가 등등하다

순이의 콧등에 송송이 맺은 땀방울이 더위를 말한다

그러나 너 그래봐라
난 감기 중이어서 끄떡없다

그러는 사이에 해가 넘어가려는지 훅 다섯 시가 넘는다

오늘도 다 갔다
더위는 끝이다

너무 덥다

아는 집 모르는 집

인동초 꽃핀 집이 할머니 집이네요

동네 언니가 알려주었어요

새끼 낳은 그 집 개도 아는 개가
되었지요
밥을 주었더니 신나게 먹어요

아는 집과 모르는 집 사이는 종이 한 장 차이네요

지금 사니까요
지금 지금

잘린 이유

짤리고 다치고 찢어진 상황의 나다
반장은 사정없이 후리쳤다

세상은 가차 없다

내가
말을 안 들었다
이층에 올라가 있으라 했는데 다들 올라가지 않기에 안 물어보고
안 올라갔다

신호수는
이제 여섯으로 줄었다
나는 못 간다
그래도 좋은 지금 새로운 아이디어를 짜낸다

그게 다가 아니다
근데 아깝다

그냥 그만두기엔

지나고 나면 어떨지 모르지만
지금을 잘 살려고 지금을 바라본다

와 대박 지금으로 왔다
거절을 배우다

못 하겠네요
담에 하지요

산뜻한 거절에 나도 신이 난다
현재에 사니 가능하다
매끄럽게 나간다
일타 거절이

사노라면

기침하여 감기든 날
열나서 괴로운 날이 인생에 있네

어제는 몰랐던 일 견뎌내야 하는 일

복 중에 일하는 건
가장 힘들어도

말 한마디 없이 견뎌낸 일 잘했구만

뭐니 뭐니 해도
머니를 주니 복중에도 가서
신호를 본다

머니 머니 그게 뭔지!

용접사

손에 상처로 짓물러도
내가 중요하지 않아서가 아니라

그저 시간이 안 나서
소독 처리와 약을 바르지 못한다

용접사는 억죄는 그 손으로 용접을 하고 또 이겨낸다

식구를 위하여 남은 내 삶의 나날을 위해

용접사에게 약을 발라 준다

잠시 억죄던 손이 부드러워졌단다

그러나
낼은 내가 없으니 어찌될지

모레는 가서 얼굴을 보고 싶다

가을

벚꽃 잎 날리듯
벚나무에서 잎을 털어내면 가을이 온 거다

그 더위에 일하느라 절절한 땀을 흘리던 여름이
그새 태풍에 밀려갔다

그 바람 앞에 서서 떨어지는 어쩔 수 없는 잎들은
더 이상 나무를 고집하지 않는다

여름은 찬란해도 한여름 뙤약볕을 좋아할 순 없었다

그럴지라도 가을을 만드느라 수고하였던 여름을 향해
절을 한다

가을을 데려다놓은 신의
사랑을 찾아가며

팔월 한 달간 더위와 싸우며 아파트 청소를 마쳤다

땀과의 전쟁이었다

오늘도 남은 얼음을 냉동고에서 가져온다 하고 잊었다
잊는 것이
비일비재

그렇게 잊으며 더위와 싸우며 땀을 흘렸다
그리고
벚나무 잎 뚝뚝 떨어지는 가을날이 온다 왔다
현재적이다 지금

그래서 땀이 등 뒤쪽으로 흘러내린다
은혜다

너무나 쉬운 일

3,500원 주고 건전지를 샀다
가스레인지에 넣고 아침밥을 해 먹다

실은 한 달 동안 가스레인지를 제대로 못 썼다

건전지로
한 달간의 숙제와 고민을 풀다

나는 너무 어렵게 가려고 한다

3,500원만 있으면 되는데

아주 사소한 일

아침에 일어나 화장실에 간다
식사하고 집을 나선다

직장에서 여섯 시간 일하고 세 시 반에 퇴근한다

어떤 중요한 일이 있는가?

사소한 일이 나를 가슴 뛰게 한다

그저 평범한 아무것도 아닌 일들이 내게 중요해지고
큰일을 저지르지 않는 게 감사하다

난 원래 시시한 일에 종사하는
평범한 사람이었다

아주 시시한 사람

무지개

쌍무지개 뜬 언덕서
앞에 걸린 쌍무지개

그 무지개 다리 밑엔 두 우물이 있다 했다
삼십 분간 쇼를 하고 이내 사라진 나의 친구야

참으로 황홀한 지금이었어라

고대함

좀처럼 오질 않으시는
가을 님은 어디쯤 오는지

보고 싶은 과꽃과 고개 숙인 벼 이삭이
기다리는 맘을 아시는지?

삭정이 같은 나뭇가지에도 잎이 붉은 걸 보니
기다리는 맘에 점 하나라도 찍을 듯하다

나에 대하여

흔들리는 바람에 반응하는
뿌려진 씨를 받을 수
밖에 없는 밭처럼

그리고
상대가 주는 대로 받을 수밖에 없던 자더이다

어린 날로부터
지금까지

부모로부터
선생이나 지인들은
나를
여기로 데려다 놓았다

이런 나를 주었다 놓았다 반복하다가
그 모든 날 가운데 십자가 못 내려온 영광 보고야

과거가 여기로 이르게 한
심는 대로 받아 작물을 키워내는 밭이
인생임이 확연해지다

난 내가 좋다

제4부

오늘

좀 세상살이 서툴러 좀 돈이 없다 해도

좀 배가 고프더라도
그냥 자야지 싶다

설령 덜 먹어서 슬프다 하여도 낼 아침엔 된장찌개라도 지어 먹을 터이니

부족하거나
그로 인해 외로운 날들이 모여
배고픈 날들이 나로 하여금 예수를 생각나게 할 터이니

어쩔 수 없는 자리

하나님은 그 형상 따라 사람을 지으셨단다

참 보시기에 좋았더라네

그러한 나에게 하지만이라고 하며 안식하지 못하였다

하나님이 지으신 형상이란 보암직하지 않았다

그래서 나도 남도 버렸다

그러나 그 자리가 그 형상 나타나기에 딱 맞는 연약지반이라

어쩔 수 없었다
생긴 모습대로 잘 살자

빨래 안 할래

애기 안 볼래
청소 안 할래

지금은 마늘을 깝니다

단순한 일 무식해도 할 수 있는

그래서 지금이 보약 같은 내 친구죠?
그렇죠!

흥부네 집

똑똑
물 떨어지는 소리
질질 비 새는 소리
4층 빌라는 온통 물난리
어쩔 수 없이 주인에게 내용 증명 보내고
결국 2년 재계약
올여름에도 예약되어 있는 흥부네 비 새는 집

부활

죽은 나사로를 살려놓고

죽음에 떠는 인생들에게
죽음이 없다고 말하신다

아니 살아서 영원히 죽지 않을 것을 말하시고

죽음 없는 삶을 선포
하신다

진달래 핀 산 밑에 사는
이에게 전해 오는

새봄을 보이심은
그분이 그러하기 때문이다
영원한 삶에 대해

처음엔 누구의 말에 의해서 그럴 수 있을까 하다가

다음엔 내 현실이
너무나 필요해서

그리고 지금은
꼭 이 삶을 주시려

수많은 사건과
이루지 못한 꿈들이

영원한 인생임을 알려주려 온 선물임을 알게 되었다

삶은 나를 속일지라도
슬퍼할 새가 없다

죽지 않을 몸을 갖고 있어서 속을 필요도 없다

생각지도 않았던 나뭇잎은 바람 따라 흔들린다

하루

가지고 있는 것은 빈털터리인데
실제로 소유한 것은 없어지지 않는 것

그것을 담으려고 다 비워낸 소유는

꿈에서마저도 빈 잔이다
툇마루에 걸터앉을 데조차 없는 삶은
놀러 가자고 부르고 싶은데
양심 때문인지 수고만 한다

사는 날 동안 어느 한편에 묻어둔 영원한 나의 죽음이 올라와 나를 슬프게 하는가?

죽음이 없는 게 우리 인생의 문제인데

누가 우리에게 죽음이라는 진단을 내려 이별의 고통을 주고 있는가?

가을이 오면 삼월이 오면 내 한편을 몰아세우는
딸에 대한 연민을
죽음이 없어서 문제라는 진실로
쓸어내리는 소리가 그득히 들린다

유일한 인생의 답인 죽음 없음이
이 새벽을 흔든다

그리하여 남은 자식이 살 땅이 흔들리지 않는다
그러하다

두 사람

한 사람은 아비였다
그는 아버지를 일찍 여의었다

한 사람은 그의 아들이다

사랑할 수 없는 아비
공감받지 못한 아들

그렇게 만나서 공감받지 못한 대화에 일방적으로 아들이 소리쳤다

그 사이에서
양쪽에 낄 수 없어서
중재만 했다

메가박스

영화관서 5개월을 일하고 오늘 그만둔다

새로운 직장을 얻었다

연숙이랑 오래 다투었다
나와의 싸움이었다

다시 시작될 회사
오늘
기철 오빠 말씀 듣고
새롭게 일어서고 싶다

아니 벌써 일어서 있다

영화관 그 넓은 데를 청소해 놓고 쉬는 시간이다

내가 용하다

쓰담쓰담

나는 너는

나는 내가 아니고 너는 네가 아니라면
나는 나를 나로 보지 말고 너도 새롭게 봐야 한다

너를 너라고 고집하지 말고
나를 칭하여진 나라고 본다면
그것은 역부족이다

그렇다면
이제
어떻게 생각하느냐
고쳐보자
허울만 남은 나를 빼고
정하여진 너를 빼면
그러면
진정 너는 누구고 나는 누구인가!

이 땅에 잘못 보인 너와 내가

사라지면
진정한 나는
아무것도 정하여진 나로 살 이유가 없다

슬퍼하던 나
기뻐하여야만 한다는 나를 빼면
이 땅에서 진정한 나란
그저
하룻밤 꿈을 좇던 그런 내가 없어지니
그 얼마나 단출한가?

그게 나다

푹 쉬고 잘 먹고
보건소에서 말한 대로
단백질에 힘쓰고

푸근한 뱃속 여유로운 저녁
바로 이것이 몸이다

몰라서 방치된 몸안에 기운을 넣으니
훨씬 넉넉해진 사람이다

헛기침도 사라지고
무기력도 남의 일

잘 먹고 쉬고
그리고 일도 잘하자

나니까!

벌이

장사의 신 백종원씨가
음식을 맛깔나게 만들어
돈을 벌듯이

나는 나를 팔아 돈을 번다

아침 새벽이면 비와
걸레를 들고 이 구석 저 구석을 쓸고 닦아

그러함으로 돈을 버는데

차이점은 많은 음식을 하여 돈을 많이 버는 것과

나 혼자 벌어 내 가족만 먹는 차이

그리고
다른 것은

그것으로 넉넉히 산다는 것

잔뜩 성난 하늘은
내가 좋아하는 비를 준비 중이다

왜 없는 것이 복이 되나

가진 것이 복이 되는 내 인생이길 빌어본다

한 점

돼지고기 한 점이 속을 데우다

그렇게 죽어주어야 사는 사람이고 싶어서
주말마다 곁을 내어주는 이들

자기 살을 내주어야
사는 이유는

생명이 진한
이유이다

그 살을 먹고 그런 사람이 되려고 하기에
한 점 살 살라먹고
그리 살고자

바람의 이유

이월에 내리는 비는 겨울빕니까?

이월에 부는 바람은 봄바람인가요?

비도 바람도 내리고 부는 이유는 살리려고
입니다

내면에 부는 존재의 바람도
내가 누구임을 알려고이죠

비 내리고 바람 지나면
알게 되겠죠

텅 빈 들에 모이는 봄바람처럼

다른 이로 전향

다 내려놓으니
내가 보인다

원래 나는 이런 사람이다는 것도 없다

조용한 시간에 걸터앉으면

아무것도 내 것이 아닌 사람

생각의 주인도 아니고
생명의 주인도 아니라서

의식이 living being
살아있는 게 나라서

무어라고 나를 규정하지 않고

생각에 이리저리 왔다 갔다 않고

생각하는 이를 쳐다볼 수 있어서

요로케 생각하는군요

내가 힘들다고 말하니
그게 힘들군요

하는 자가 되어집니다

집중하니 다른 이가 되다

불러내는 기적

속절없는 노래에다
가사를 붙이고

내동댕이쳐진 그에게서 내는 찬양이 그윽하니

멍때리고 바라보는 사람들

아
그러나의
인생이기에

세상이 다 내 앞에 무릎 꿇는데

무엇이 문제인가?
이런 내가
참 좋다

열매도 열리니 더 좋지

호박꽃 속에 벌을 넣어
아구리 잡고 벌침도 맞는다

꽃은 향이 나서 좋지

촉촉한 꽃잎 스칠 때
설렘이 인다

꽃은 애인처럼 연민이 가지

새벽이슬 맞고 일어나
하나님 하신 일을 보다

개암꽃 딸기꽃 조롱조롱 블루베리꽃

이제 열매를 향해 달린다

새벽에 빨래를 너는 이는
조용히 기다리는 침묵 정진에 주력하고 싶다고!

6월이 오면

ⓒ 이은경, 2024

초판 1쇄 발행 2024년 9월 20일

지은이	이은경
펴낸이	이기봉
편집	좋은땅 편집팀
펴낸곳	도서출판 좋은땅
주소	서울특별시 마포구 양화로12길 26 지월드빌딩 (서교동 395-7)
전화	02)374-8616~7
팩스	02)374-8614
이메일	gworldbook@naver.com
홈페이지	www.g-world.co.kr

ISBN 979-11-388-3538-1 (03810)

- 가격은 뒤표지에 있습니다.
- 이 책은 저작권법에 의하여 보호를 받는 저작물이므로 무단 전재와 복제를 금합니다.
- 파본은 구입하신 서점에서 교환해 드립니다.